la
SOLEDAD
como
OPORTUNIDAD

PUBLICADO POR CENTIRAMO PUBLISHING, ESTADOS UNIDOS DE AMÉRICA
PRIMERA EDICIÓN: NUEVA YORK, NY
WWW.CENTIRAMOPUBLISHING.COM
INFO@CENTIRAMOPUBLISHING.COM

CONSULTOR DE ARTE: JANET FRANCES WHITE
DISEÑO DEL LIBRO: PIERCE CENTINA

ISBN-13: 978-1732781504
ISBN-10: 732781508

PUBLICADO EN ESPAÑA EN 2006
© JOSÉ MARÍA ALONSO ALONSO DE LINAJE
DEPÓSITO LEGAL: BI—2819-06

LIBRARY OF CONGRESS NÚMERO DE CONTROL: 2018958021

IMPRESO EN ESTADOS UNIDOS DE AMÉRICA
3 5 7 9 11 13 15 17 19 | 20 18 16 14 12 10 8 6 4

Nada te turbe
nada te espante
todo se pasa
Dios no se muda
la paciencia todo lo alcanza
quien a Dios tiene
nada le falta
solo Dios basta
—Santa Teresa de Jesús

CentiRamo
Publishing
WWW.CENTIRAMOPUBLISHING.COM

la
SOLEDAD
como
OPORTUNIDAD

José María Alonso Alonso de Linaje

ÍNDICE

PRESENTACIÓN

> "No me siento solo porque estoy contigo y tampoco estoy solo porque estás conmigo. Estoy acompañado y me siento solo. Estoy solo y me siento acompañado. La soledad es la mejor compañía que tengo".

Este juego de palabras que tiene a la vez su sentido y su contradicción, nos refleja el mundo tan rico y tan variado de la palabra soledad.

Soledad que va unida al individualismo que reina en nuestro ambiente. Es verdad que a muchas personas les falta la compañía física y amable de seres queridos, y también es verdad que muchas formas de conducta unidas a un consumismo exacerbado nos conduce a esta forma de vivir.

Siendo cierto todo ello hay que afirmar que no estamos solos. Hace más de veinte siglos Cristo nos dio y nos sigue dando respuesta con la frase "Yo estaré con vosotros hasta el fin del mundo".

Efectivamente no estamos solos. Unos nos acompañan con su estímulo y nos alientan a participar en su destino; otros esperan de nosotros nuestra oración y caridad; y todos estamos llamados a dar sentido a la vida que nos toca vivir.

Vivir humanamente la soledad es humanizar la soledad a través de una mirada, una caricia, una respuesta cariñosa, un diálogo con el Creador, una llamada oportuna, un gesto... Son personas que se interesan por acompañar a otra humanamente y espiritualmente.

Ante respuestas tan profundas, es necesario que abarquemos el tema de la soledad desde una visión amplia que nos lleve a tratarla desde la perspectiva de la libertad humana. Libertad relacionada con el mal y el bien para construir una soledad que transcienda.

Usted puede curar con sus cuidados *¿Cuánto puedo hacer sin medicación?*

Cualquier persona que esté dispuesta a ayudar, puede hacer mucho con sus manos, con su palabra, con su tono de voz, con su ritmo, con su oído... Es la suma del lenguaje verbal y el lenguaje no verbal.

El contacto con personas a lo largo de la vida nos dice que estamos en deuda con nuestros padres, nuestros hermanos, nuestros abuelos, nuestros amigos, nuestros educadores en sentido amplio profesores, porteros, jardineros, albañiles, médicos, oficinistas, etc.

Ellos a través de las diferentes actividades han hecho posible que haya llegado a nuestros días con las facultades que tengo y el saber que he acumulado de la experiencia directa e indirecta.

Ahora tengo la obligación moral de transmitir a los demás en los diferentes lugares que me encuentre, mi saber, mis manos, mis caricias, mi mirada, mi escucha, mi ternura, mi tiempo... Son esas personas necesitadas las que me están reclamando en el fondo del corazón un tiempo para ellas.

LIBERTAD PARA ELEGIR

a persona como ser pensante, con capacidad para elegir el bien o el mal moral o físico, se ha hecho y se sigue haciendo un listado de preguntas. Alguna de ellas son las siguientes:

¿QUÉ ES EL MAL?

¿POR QUÉ EXISTE EL MAL?

¿QUIÉN NO HA SENTIDO LOS PROBLEMAS DEL MAL?

¿POR QUÉ EL HOMBRE HACE EL MAL?

¿QUÉ SENTIDO TIENE, QUÉ EXPLICACIÓN?

No hay nadie que no sufra sus consecuencias. Si no ha tenido sufrimiento, soledad, abatimiento... tarde o temprano lo tendrá. El mal está en todas partes. En la historia de la ciencia y de la filosofía el mal ha quedado aparcado. Ha sido un enigma que no se le ha podido dar explicación. Incluso hay teorías que dicen que el mal solo es aparente y no existe.

En el pensamiento cristiano y sobre todo desde San Agustín se dio una explicación del mal. La fe trasciende a la razón y, a la vez, la fe es racional. El catolicismo es lo más racional y lo más lógico que existe. La fe cristiana da una explicación racional. Fe y razón no son incompatibles, son complementarias.

San Agustín explica el mal desde una visión cristiana y científica de lo que es. Más tarde teólogos y filósofos lo han completado, ordenado. En la Edad Media Santo Tomás de Aquino hace una gran aportación en este campo.

El gran descubrimiento de San Agustín es:

1º HAY QUE SABER: ¿QUÉ ES EL MAL? ¿ CUÁL ES SU NATURALEZA?
2º HAY QUE EMPEZAR: NO DE DÓNDE VIENE, NI CUAL ES EL ORIGEN.

San Agustín nos dice que el mal:

- No es algo positivo.
- No es sustancia.
- Sí se encuentra en las cosas, en la sustancia, en la realidad, pero en sí mismo no lo es.

Lo que sucede es que nuestro pensamiento nos engaña.

El mal sí que existe. Podemos decir que mi amigo tiene un mal que sufre, pero este mal no tiene entidad, es una carencia. EJEMPLO: el sordo no oye, lo que tiene es carencia de oído.

Entonces, *¿Qué es el mal?* Es una carencia, una falta, una privación.

EJEMPLO: Yo no puedo andar por las aguas del océano. No poder andar por el agua no es un mal, es una carencia porque nuestra naturaleza no está hecha para andar por el océano.

Tener oído es exigido por la propia naturaleza, se puede tener y, además, debe de tenerse para cumplir su función. Cuando no lo tiene decimos que tienen un mal, que es como decir que no tiene un bien.

En síntesis:

> Lo que existe es el bien.
> El mal existe como carencia. Es una privación de un bien.

Esto implica una visión de la naturaleza que todo es bueno. Dios todo lo ha hecho bien. Toda la naturaleza es limitada y, por lo tanto, tiene defectos o puede fallar. Este es el mal que hay en la naturaleza. La misma realidad se entremezcla.

En el caso del hombre es más complejo. Puede fallar y falla como consecuencia de la misma naturaleza, añadiendo lo específico que es que tiene LIBERTAD.

El hombre, además de las leyes comunes de la naturaleza tiene su LIBERTAD para poder elegir.

LIBERTAD PARA ELEGIR, actuando:

a) de acuerdo con las leyes de naturaleza.
b) o en contra de esas mismas leyes, apartándose de las leyes naturales.

En este apartarse de su naturaleza, es cuando el MAL MORAL (pecado para los católicos) puede engañarnos a través de nuestros mecanismos psicológicos y de nuestras capacidades voluntad, inteligencia emocional y racional.

Nuestra inteligencia nos puede presentar una cosa mala, fijándose en la parte buena que tiene. De esta manera nos escudamos para hacerla.

EJEMPLOS:

Sé que el azúcar es bueno. Por prescripción médica, me han prohibido comerla. Entonces digo: como el azúcar es bueno lo voy a tomar a sabiendas que para mí es negativo.

El terrorista mata aun sabiendo que está mal. Pero como el fin justifica los medios, a través de una mente extraviada o malformada quiere hacer justicia y hacer realidad un bien que él considera superior.

- El hombre siempre busca el bien.
- La voluntad siempre busca el bien.

La persona ve un bien por su ideología, porque quiere ganar más dinero, por ayudar a su familia, por liberar a su pueblo, por satisfacer un placer, por dar gusto a su ego, por vanidad, etc. Lo que sucede es que este bien no es el adecuado.

EJEMPLO:

Una persona jugadora sabe que corre un riesgo y a la vez piensa que puedo ganar mucho más. Además mientras juego me divierto. A jugar. Lo que venga después me importa poco o no quiero pensar en ello.

Este jugador ha elegido entre dos bienes: el bien momentáneo de disfrutar, el posible bien de ganar mucho dinero y el mal de perder.

La persona siempre elige entre varios bienes:

- Bien verdadero.
- Bien real.
- Bien aparente (que después nos trae consecuencias malas. Este bien a unas personas puede perjudicar y a otras no).

La razón lo presenta a la voluntad como un bien. Si la razón lo presenta como mal no lo queremos. Siempre nos apetece el bien. Esto no quiere decir que el bien sea honesto.

Podemos hablar del:

- Bien honesto.
- Bien útil (es deleitable que de momento produce el bien y después vamos a tener consecuencias negativas).

La voluntad siempre conserva la libertad. Aunque la razón me diga que está bien, la voluntad siempre acepta o niega lo que le dice la razón.

- De ahí la importancia de tener una RAZÓN que argumente bien.
- Una VOLUNTAD fuerte, exigente y disciplinada.
- Y una CONCIENCIA formada en rectitud, honestidad que es como decir que cumpla las leyes de verdad, bien y belleza.

Sobre estos tres pilares pivota mi conducta.

Si falta voluntad, aunque la razón me indique bien el camino, me dejaré llevar por el placer momentáneo. La voluntad puede regir el entendimiento.

Si al razonamiento que hago, le faltan elementos que clarifiquen el proceso o estoy influenciado negativamente, aunque tenga una voluntad fuerte mi capacidad de elección fallará por no tener delante los elementos suficientes para elegir bien.

Al final siempre tengo que decidir, me puedo equivocar o no, hacer un mal o un bien a nosotros, hacer un bien o un mal a los demás.

El problema del mal tiene que ver la con la LIBERTAD humana. Al ser libres tenemos la capacidad de auto engañarnos siempre buscando excusas. Somos abogados de nosotros mismos. Si tuviéramos una inteligencia, una voluntad y una conciencia perfecta haríamos siempre el bien.

> • El mal nunca actúa por sí mismo.
> • El mal se disfraza con apariencias de bien porque sino nadie lo querría. De ahí que digamos que todo el mundo quiere el bien. Si algo se presenta como mal, las personas no lo queremos.

EJEMPLO:

La propaganda de productos de consumo, de partidos políticos de organizaciones..., siempre presentan el bien y si hay algo dudoso o no se presenta o se hace con apariencia de bien.

> • Nos tienen que presentar el bien.
> • El mal por sí mismo nadie lo quiere.

El mal está relacionado con Dios, no porque Dios quiera el mal, sino porque siendo bueno lo creado, la naturaleza falla. Desde este punto de vista la ciencia no puede explicar el mal, porque este tiene que ver con Dios.

Falla en sentido natural y falla por la libertad que Dios ha dado al hombre para elegir el bien o el mal.

> • Existe el mal físico (volcanes, terremotos, maremotos, etc.)
> • y el mal moral (resultado de nuestra conducta: robar, murmurar, etc.)

Desde el siglo XVIII la ciencia ha intentado explicar lo que existe sin aludir a Dios, diciendo que Dios es innecesario para la ciencia. Ya no le necesita y como consecuencia Dios es innecesario en nuestra vida *¿Qué ha ocurrido?*

No ha tenido éxito porque la contabilidad humana, ni la contabilidad del mundo tampoco cuadra. Durante el siglo XX las corrientes de pensamiento Comunismo, Nazismo y ciertas formas de gobernar denominadas democracia, han provocado más de cien millones de muertos, intentando destruir la familia, la religión, la educación, la vida, etc.

En síntesis, existen dos posibilidades sobre el origen de la vida del mundo:

A) Al principio existió una razón creadora, con un desarrollo que proviene de Dios.

B) La otra posibilidad es que lo que había al principio era el azar, algo irracional que no tiene razón, que extrañamente produce un cosmos ordenado, matemático, incluyendo al hombre.

Esto no cuadra. Al final la razón humana y las leyes de la naturaleza tendrían su origen en lo irracional. Primera pregunta: *¿Cómo puede nacer de lo irracional algo racional?* Esto es absurdo.

Entonces:

La misma ciencia sería irracional. Si el mundo viene de la irracionalidad, el mundo sería irracional y nosotros vemos que esto no es cierto. El mundo es razón, luego es absurdo decir que procede del azar.

La experiencia de la razón en el mundo explica que ha habido una razón creadora. Esto ya lo dijo Platón en la Grecia Clásica. Cuando las corrientes del pensamiento actual se resisten a la razón creadora, hay que decirles que hace más de dos mil años un griego ya tuvo claro este concepto, que su visión es un volver varios miles de años atrás.

ESTA ACTITUD IRRACIONAL POR PARTE DE LA CIENCIA NOS DICE QUE:

a) En el fondo el hombre no ha entendido que Dios es el principio y el final del hombre.

b) Dios es amor.

c) Que en el hombre hay un miedo de Dios y por esto lo niega.

d) Hay desconocimiento de Dios y le considera un ser que viene a complicarle la vida, que nos quita la felicidad.

e) Sin Dios el hombre tiene miedo del mundo.

f) Sin Dios el hombre se angustia de su propia vida que viene de lo irracional, de la nada y que va a la nada.¡Esto si que es angustioso!

Con esta visión consideramos que en la vida Dios nos está mandando de una forma exigente. A Dios se le considera carga, prohibición, negación, etc. En una sociedad que nos invita por un lado a competir y por otro a fortalecer la pereza en el trabajo, pereza en el estudio, pereza en escuchar, pereza en cumplir los compromisos, etc. En definitiva dejarse llevar del momento y del bien aparente.

En este contexto de pocos deberes y muchos derechos:

- La venganza crece como conducta que intenta hacer justicia.
- El perdón disminuye como deseo de modificar los errores.

Llegados a este punto es conveniente recordar qué elementos integran ese mal llamado venganza. La venganza:

- Es un mal, es un engaño.
- No produce la paz, porque piensa que así se hace justicia y lo que me encuentro es que he hecho otra injusticia más grave.
- Es un engaño, porque después de vengarme no estoy tranquilo.
- Tiene un rasgo de pretender hacer "justicia". Cuando este mecanismo interior de defensa lo pongo en marcha se convierte en una injusticia mayor.
- Me parece un bien porque voy a tener satisfacción momentánea.
- Con esta visión las "cuentas" no salen.

- Las cuentas salen mejor con Dios.
- Las cuentas salen mejor reconociendo a Dios y a su naturaleza amorosa.

Somos hijos de nuestras obras. Si hemos hecho obras buenas somos buenas personas, si hemos hecho obras malas, necesitamos corregir, perdonar y volver a empezar. Todos somos pecadores y si no lo somos es por la gracia de Dios. El hombre que ama a Dios, Dios sale a su encuentro.

A partir de este Dios amoroso que es vivir como Dios quiere, estamos en mejores condiciones para DESCUBRIR LA SOLEDAD POSITIVA.

¿QUÉ ES LA SOLEDAD?

Es una experiencia que todas las personas conocemos. Es una experiencia que algunos la disfrutan. Es una experiencia que bastantes la sufren. Es una experiencia que todo el mundo la teme. Es una oportunidad. Es un punto de llegada.

Si tuviéramos que resumirla en dos palabras podemos afirmar que puede ser:

- Positivo.
- Negativa.

En ocasiones podemos escuchar las frases siguientes:

"ESTOY SOLO Y A LA VEZ SIENTO QUE ESTOY ACOMPAÑADO".

"ESTOY ACOMPAÑADO Y ME SIENTO SOLO".

EJEMPLO:

- Puedo estar solo en mi habitación y no estar solo.
- Puedo estar acompañado de muchas personas, en una boda, en una discoteca y estar solo.

Desde el punto de vista negativo ¡qué compañía tan mala tenemos en nuestro viajar por esta vida! ¡Qué compleja es la soledad y a la vez qué fácil! ¡Cuántos matices tiene!

Si la queremos definirla:

"La soledad es la ausencia de personas significativas que tienen valor para mí. Son personas que nos quieren, apoyan refuerzan, estimulan, acompañan... Con ellas establecemos vínculos, confianza, acompañamiento, compañía..."

Soledad es esa experiencia de sentirme interiormente, emocionalmente profundo, vacío de la presencia del otro que tenga un significado para mí.

¿De qué soledades podemos hablar?

- Soledad por abandono.
- Soledad buscada.
- Soledad tolerada.
- Soledad existencial.

La soledad por abandono nos angustia, es amarga.

La soledad buscada es algo bueno que cuando uno la elige bien, la busca, la trabaja y la madura. **EJEMPLO**: Si quiero componer una canción necesito estar solo. Si quiero pensar necesito estar solo. Si quiero hablar con Dios. Si quiero orar.... Aunque todo esto también lo puedo hacer en compañía, hay veces que necesito hacerlo solo.

La soledad buscada no hay que verla como esos momentos tan puros, tan intensos como la enfermedad y la muerte. La soledad buscada puede tener diferentes formas: contemplar una flor, el mar tomar conciencia de su identidad, personalidad...

La soledad existencial. Nadie puede sentir, experimentar su cuerpo, sus pensamientos, sus emociones mas que uno mismo. Hasta una persona puede morirse consigo mismo. La soledad mas temida es la del abandono, traición y muerte.

La soledad de la muerte nos coloca ante las cuerdas de la existencia. Nos coloca en ese lugar del cual no podemos escapar, justificar, no puedo distraer la atención con otras cosas. Yo soy yo en la medida que me coloco delante de la propia existencia. Hay momentos en lo que se pierde la atención, la concentración. Hay agonía. Cuando la puedes vivir en esos momentos:

- Sabes que te puedes morir.
- Sabes que vas a morir.
- Sabes que quedan unos meses, días, horas, minutos, segundos.

Son momentos muy intensos, muy puros. Es cuando decimos que el tiempo se para.

¿Todas las soledades son iguales?

En este recorrido de la vida captamos soledades distintas.

- Las hay más tristes y menos tristes.
- Las hay de color negro, gris, marrón, etc.
- Las hay de color profundo que es la soledad existencial.

Cuando estoy acompañado decimos que no estamos solos. Siendo esto verdad, no indica que sea cien por cien. Cada persona es única e irrepetible. Siempre hay un cierto porcentaje que no se cumple: "Tu eres tú y yo soy yo". Ante esta frase:

¿CUÁL ES LA VERDADERA PRUEBA DE MADUREZ?

- Saber convivir con tu propia soledad.
- Saber sentir la soledad.
- Saber convivir con otras personas.

- Saber pasar de la soledad a la compañía.
- Hacer fácil la convivencia.
- Conocerme mejor.

Para ellos disponemos del buen uso de los medios que tenemos a nuestro alrededor:

a) El buen uso de medios tecnológicos nos pueden acompañar.

b) La naturaleza en todas sus manifestaciones de primavera, verano, otoño e invierno.

c) Las personas con las que nos relacionamos.

d) Pero sobre todo con el Creador de la vida.

CAUSAS QUE NOS LLEVAN
A LA SOLEDAD

En el terreno personal: Cuando entiendo las relaciones en tono de desconfianza. Cuando percibo las relaciones como amenaza. Cuando mis pensamientos están permanentemente en vigilancia, desconfianza y me obsesionan.

A continuación podemos preguntarnos: *¿Por qué ocurre? ¿Qué relaciones nos hacen sentir mal?*

1.- Cuando nuestras experiencias en relación con los demás nos han salido mal, nos ponemos a la defensiva.

2.- El tipo de auto concepto que tenga puede generar soledad. Si yo ahora pienso que tu piensas que estás pensando, que no piensas; que si piensas esto, que si piensas lo otro, lo de más allá, lo que podía haber pasado, lo que no pasó...

(Si tienes alguna duda más puedes acudir a las formas verbales de la lengua castellana que te pueden dar más posibilidades). Que dices algo para ganarme, para engañarme, para ... Aunque digo que estoy solo, es falso. Estoy obsesionado con lo que puedes pensar, hacer o decir.

Esta forma de percibirlo es como amenaza, desconfianza, como algo que quieres aprovecharte.

3.- La competitividad puede contribuir a profundizar en lo anterior al convertir nuestra estima en lo que hacemos, no en lo que somos. Siempre estamos en una situación en la que el otro busca algo de mí. Tengo que demostrar que soy mejor.

Este tipo de pensamiento se basa en un auto concepto y autoestima muy negativo.

EJEMPLO:

Los celos en un matrimonio, el deseo de poseer al otro, que tiene su traducción en las frases siguientes: "Me tienes que llamar a mí primero". "Si no me llamas, es que no me quieres". "Me siento solo sino haces esto"...

En realidad lo que estamos haciendo es convertir las relaciones en un chantaje emocional.

4.- Relaciones de dependencia.

a) Cuando el cuidador pasa a depender del dependiente. Todas mi existencia para que tenga sentido, para que tenga valor necesita de otras personas a las que tengo que cuidar, apoyar y ese otro me tiene que necesitar.

No soy válido en función del número de personas que me necesiten. Este es un peligro que pueden tener muchos cuidadores que dedican todo el tiempo a cuidar a otro. Cuidar a una persona dependiente y acabar dependiendo del dependiente. Quizá huyan de la soledad, quizá huyan de la culpa...

b) Querer poseer al otro. El otro tiene que hacer esto,

aquello..., tiene que aprobar lo que yo diga, lo que proponga. El otro tiene que quererme, me tiene que decir lo bueno que soy si no lo hace, yo me siento mal. Exijo al otro que me dé su aprobación, que me haga sentir válido.

Todo esto puede hacerle caer en la soledad. Si vivo así mis relaciones con los otros de esta forma tan negativa ocurrirá que:

- Siempre estoy esperando algo que no se produce.
- Siempre pensaré que doy más de lo que recibo. EJEMPLO: Algunas depresiones tienen su origen en esas exigencias del otro que se traduce en que esté pendiente de mí, me llame, me busque...
- Mi ansia por querer estar acompañado, por no saber vivir mi soledad se convierte en una exigencia de que el otro rellene ese hueco. Estas personas acaban provocando mucha tensión.

A partir de este momento nace la paradoja siguiente:

"Cuánto más exijo tu presencia; cuanto más te busco, más rechazado me siento de ti".

Estas relaciones nos hacen sentir solos. No porque los demás, lo provoquen, sino porque nuestro estilo de relaciones puede generar sentimientos de soledad.

Las relaciones en vez de ser relaciones con espontaneidad, con sinceridad, que es permitir que el otro sea el otro y yo ser yo.

5.-Personas con falta de habilidades sociales. Son personas que por su educación, su aprendizaje de vida, su cultura,... no han cultivado un estilo de relación que les lleve a mantener relaciones de amistad sanas y duraderas.

Son personas que no saben escuchar, les cuesta ponerse en el lugar del otro, no saben hacer una crítica, son violentos en el trato, son excesivamente exigentes en las relaciones. No saben iniciar o mantener conversaciones, no expresan sus sentimientos y todo esto les va generando soledad.

Con frecuencia oímos: *¿Para qué voy a contar mi vida al otro, si lo mío es muy negativo?* Precisamente por eso mismo estás sólo.

Ante situaciones fuertes como por ejemplo: "Se me ha ido mi hijo, mi madre, mi mujer, mi hermano, mi amigo..." Estoy en situación de dependencia con el alcohol, con el juego. "Tengo una enfermedad contagiosa, no puedo salir". "He tenido experiencias de maltrato en casa, el trabajo, como estudiante"... *¿Cómo voy a vivir sin ellos?*

Cuando no lo contamos por prejuicios, el miedo a qué pensarán de mí o por cualquier otro motivo, esto si que es soledad.

6.- Nuestra sociedad nos quiere presentar como modelos de "cartón". La realidad nos invita a que hagamos una sociedad de jóvenes, guapos, simpáticos, bellos, sin enfermedad, tener todo controlado, saber el que más, conseguirlo a la máxima rapidez, estar enterado de todo, ser el primero en dar la noticia o el primero en hacer esta o aquella actividad, intentar diferenciarme del otro por lo que tengo, hago o deseo tener..., sabiendo que no lo conseguiremos, nos hacemos ilusiones imposibles. Entonces, *¿Qué ocurre?*

- No comunicamos al otro lo que verdaderamente siento.
- Manifiesto lo que tengo o lo que deseo tener.
- Lo que importa es el tener no el ser.

Este deseo de tener, de diferenciarme y además con rapidez nos lleva a:

- Tener menos tiempo de vínculo entre personas.

- Tener poco tiempo para el encuentro.
- Tener poco tiempo para el diálogo.
- Construir relaciones de rapidez.
- Construir relaciones funcionales.
- Construir relaciones de competitividad.
- Construir relaciones basadas en la eficacia.

A la pregunta *¿tu quién eres?* Solemos responder a la profesión. Soy periodista... En vez de decir soy padre familia con mi mujer... y mis hijos..., pongo en primer lugar la profesión material y como mucho pongo en último lugar los valores del ser, los valores de la vida.

Lo verdaderamente importante es ser padre, madre, hermano, amigo, compañero, etc.

¿QUÉ TRAMPAS TIENE HOY LA SOLEDAD?

oy la soledad es un negocio. Si tienen alguna duda piensen un momento en las ofertas que tenemos para llenar nuestro tiempo familiar, laboral, descanso...

- Hoy la soledad quiere suplirse mediante el consumismo: Internet, video juegos, telefonía móvil, TV, moda, viaje, nuevas experiencias, etc. Consuma más y más para no sentirse solo son frases que nos repiten una y otra vez. Cuando mi principal compañía es un aparato: ordenador, juego, etc. esto no es sano. La soledad es una oportunidad.
- Estamos en la soledad del activismo, donde el tiempo se tiene que llenar de actividad sin parar, de ir de un lugar para otro, de descubrir nuevas experiencias, donde lo que cuenta es la experiencia y muy poco las relaciones entre personas.
- Es la búsqueda de la soledad de forma patológica a través de llenar el tiempo y el espacio con objetos, considerando al objeto, la cosa, el medio mejor para comunicarnos. En realidad aunque estemos en contacto con personas, lo que llena nuestro tiempo, unas veces soñando, otras pensando cómo pagar los disfrutes materiales, es lo que va llenando nuestra cabeza y nuestro corazón.
- Cultivar el chismorreo a través de programas televisivos y en el tiempo libre. La noticia o el encuentro para compartir ideas,

> formación e información ha pasado a hurgar la vida privada de las personas con indiscreción, verdades a medias, exageración de lo íntimo... Interpretación de lo que ocurre, echando más leña al fuego. Añadiendo comentarios frívolos, malas intenciones, frases que sugieren, obsesión por recoger murmuración, cotilleos... Se trata de información morbosa, frívola que pretende excitar lo más bajo de las emociones y de las pasiones. Resulta curioso que a nadie le gusta que chismorreen de él y, a la vez, disfrutamos cuando se trata de chismorrear de otra persona.

En estos casos de consumismo, activismo, comunicación... pretendo tapar la soledad mientras estoy metido en ese juego. *¿Qué ocurre?* Que es una comunicación falsa o en el mejor de casos con el paso del tiempo voy acumulando en mi interior mayor soledad.

En el momento que dejo de practicarlo la soledad no es una oportunidad para ser más feliz. La soledad la hemos convertido en una desgracia, en un vacío que nos da pánico.

Somos frágiles, estamos hecho de cuerpo y espíritu. Con el lenguaje actual nuestro ser lo integra.

- Inteligencia racional.
- Inteligencia emocional.
- Dimensión trascendente.

Este tríptico aunque tiene tres patas cualquier situación nos influye como persona. Soy una persona donde su contenido lo soporta una "botella de cristal". Ante esta realidad cabe preguntarnos *¿Cómo hacer que mi fragilidad responda a la soledad en positivo?*

Nuestra experiencia nos confirma que nuestro estado de ánimo cambia ante la mínima situación:

- Una picadura de mosquito.
- A ver una hormiga...
- Una cara enfadada.
- Una palabra mal pensada.
- Una respuesta que no me imaginaba.
- Un dolor de muelas.
- Un resbalón improvisado.
- Una mala contestación.
- Una imaginación...

Cualquier acto en el que intervenga la imaginación, el pensamiento, la palabra, obra u omisión de forma inesperada, mal pensada... nos puede cambiar nuestra conducta.

En el cuadro siguiente se exponen las posibles respuestas para responder a nuestra fragilidad para hacer que la soledad sea una oportunidad o una desgracia.

A NUESTRA FRAGILIDAD PODEMOS RESPONDER	
DE FORMA POSITIVA, CON LA FUERZA DE LA	DE FORMA NEGATIVA, CON LA FUERZA DE LA
• VERDAD • AMOR • LIBERTAD • PERDÓN • SINCERIDAD • BUENA CARA • AMABILIDAD • RESPETO • ETC.	• SOBERBIA • FÍSICA • EGOISMO • DINERO • AVARICIA • IRA • MENTIRA • ENGAÑO • SEXO • LUJURIA • GULA • VANIDAD • MAL GENIO • MURMURACIÓN • ETC.

En la media que nuestras respuestas se inclinen en un sentido u otro, construiremos una soledad sana o una soledad enfermiza.

LA SOLEDAD NACIDA
DE LA LIBERTAD INTERIOR

bservando lo que acontece a nuestro alrededor vemos que a la persona le cuesta vivir humanamente. Nacemos inmersos en una cultura, en una historia. Esta historia es un cofre que tiene en su interior valores, riquezas que dignifican a la persona, virtudes, justicia, abnegación... Junto a estos valores positivos hay odio, contaminación, venganzas, injusticias en diferentes lugares y ambientes.

En esta realidad tenemos que construir nuestra vida, nuestra personalidad. Es una historia colectiva y personal donde Dios siempre se hace presente de diferentes maneras. Dios nos acompaña en este recorrido corto o largo según se mire.

Él quiere ser cómplice tuyo para ayudarte a crecer. Tu eliges los materiales para hacerte una personalidad única e irrepetible. Para ello necesitas discernir entre los valores y los seudo valores, entre el bien y el mal. Estás ante la gran tarea de aprender a descubrir la libertad interior.

- Libertad interior que es conquista tuya con la ayuda de Dios.
- Libertad humana que exige partir de la interioridad de la persona.

- Libertad que tiene un recorrido interior, teniendo su manifestación exterior en forma de servicio, no avasallando, donde florece el respeto al otro, la acogida, el intercambio.
- Libertad que crece desde lo más hondo de la persona para abrirse al exterior, a la relación, la convivencia y comunión.
- Libertad que ensancha las perspectivas, derriba fronteras y nos capacita para ver los problemas con mirada particular y universal.
- Libertad que busca dar respuesta a lo próximo y a lo lejano.
- Libertad que integra lo religioso, lo político, lo familiar y lo social.
- Libertad que une amor y verdad como nos recuerda Cristo en su vida pública.
- Libertad que siempre tiene la inteligencia racional y emocional con la mirada en Cristo para que la soledad sea siempre un camino abierto a la trascendencia.
- Libertad que nos ayude a vivir y descubrir una soledad más sana.

VIVIR SANAMENTE LA SOLEDAD

s tener conciencia de lo que somos. Es repensar las relaciones. Es evaluar los resultados. Es aprovechar los tiempos muertos. Es reflexionar, auto conocernos, orar, planificar...

LA BÚSQUEDA DE LA PROPIA IDENTIDAD EN SOLEDAD. En la soledad tenemos la gran tarea de buscar nuestra identidad. Ahí aparecen las emociones puras, sin adornos, sin ropajes. La soledad no hay que verla solo en sentido negativo. Hay quererla en sentido positivo. Para ello hay que tener una red de relaciones que las integre. Cada encuentro es una oportunidad para establecer relaciones, abrirnos. El encuentro es una oportunidad para comprometernos. Esto significa que hay un tiempo para:

- Mi familia, esposos, hijos, padres, abuelos, primos.
- Mis amigos.
- Los compañeros de trabajo.
- Los conocidos.
- Quienes nos necesitan.
- Nuestros compañeros de deporte.
- Etc.

Hay que equilibrar cantidad y calidad. No vale decir con tres amigos verdaderos tengo suficientes, ni por todos los lugares tengo amigos. Hay que tener algo más que una lista interminable de contactos de teléfonos o correo electrónico. En los lugares donde estoy, establezco relaciones de cordialidad, afecto, respeto y ayuda; creciendo e integrando una red de relaciones, sabiendo que conocer a otro es un momento de riesgo y a la vez es una oportunidad.

¿Cómo lograrlo?

1. No justificarse con la frase "yo soy así" que es como decir: "mí personalidad es esta y vale" "yo no puedo evitarlo".

2. Abrirte al otro es un momento de riesgo y a la vez de oportunidad. Con frases como "Es bajar la guardia". "Ten cuidado que te pueden engañar". Es cierto que te pueden engañar. Es cierto, pero quien no arriesga difícilmente puede avanzar. Nuestra vida es un riesgo desde que nacemos hasta que morimos. Gracias a que arriesgamos, nos dimos golpes de niños, hoy día andamos de pie. Hay personas que se justifican para evitar abrirse con las personas. Quizá con quien tiene que estar en guardia es con la persona chismosa.

3. Ante la palabrería, el chismorreo nunca bajes la guardia. El chismoso intenta dar confianza mediante el truco: "Esto te lo cuento sólo a ti" Le hace ver que usted es el único en el que confía la información. No se fíe. El chismoso es falso, hipócrita, traidor y agitador emocional. En el fondo el chismoso es fuente de soledad negativa. Su ocupación es ser traficante de noticias y como tal todo lo que usted haya dicho de si mismo o de otra persona, será propagado con un valor añadido, manipulado o tergiversado.

Si frecuenta su trato, arriesga a que envenene sus amistades o las pierda o tenga graves problemas en su trabajo, con sus amistades y familia. El chismoso puede arruinar su vida.

¿CÓMO DETENERLO?

- Si puede evite todo contacto con un chismoso.
- Si no puede alejarse de su vida, nunca baje la guardia ante su presencia.
- Esté atento a sus preguntas. El chismoso siempre intentará con ellas sonsacar información que no quería contar.
- La estrategia para seguir con él es hablar de cosas irrelevantes como el tiempo, el deporte, la moda, etc.
- Cuando el chismoso empiece a contarle chismes de alguna persona, amigos, compañeros de trabajo, interrúmpalo con un leguaje directo: "Espera que voy a llamar a esa persona para que digas en su presencia lo que estás diciendo aquí sin estar él". Con esta frase dejas en evidencia al chismoso y tu postura con relación a la intimidad. A partir de este momento nunca intentará meterte en este juego.

TU ELIGES COMO VIVIR LA VIDA

aber vivir esta vida no como un valle de lágrimas, sino como un anticipo de la felicidad que Dios nos va a dar. Todos buscamos ser felices. La felicidad hay buscarla para aquí y ahora, aun sabiendo que la auténtica felicidad nos espera después de esta vida. Para ello tienes las siguientes reglas:

VIVIR SENCILLAMENTE
ESPERAR MENOS
TENER ESPERANZA
LIBERAR EL CORAZÓN DE ODIO
LIBERAR LA MENTE DE PREOCUPACIONES

• Si nos llenamos de preocupaciones, no tenemos tiempo de ser felices.
• Si nos complicamos la vida con apariencias, querer aparentar, en vez de vivir con sencillez, tampoco seré feliz porque vivo en un mundo irreal.
• Si guardas todas las preocupaciones, el odio, el rencor, no somos felices

ANTE ESTA REALIDAD TENEMOS UNA ALTERNATIVA PARA SER FELICES:

• Dejar que las cosas negativas queden en el olvido como si no

hubieran existido.
- Las cosas importantes dejarlas bien guardas en nuestro corazón
- Saber perdonar.
- Amar más y esperar menos, no porque no queramos tener recompensas, sino porque no me preocupan.
- Cuando un amigo me ofende deberemos olvidar, en cambio, cuando me ayuda deberé tenerlo siempre presente para no olvidarlo.
- Podemos rechazar o condenar las conducta pero no juzgar a nadie.

Cada persona va caminando por la vida con sus fallos y aciertos *¿Qué cosas son para siempre y se dirigen hacia Dios tienen verdadero sentido?*

- Alegría interior.
- Saberse querido.
- Dejarse querer.
- Sacrificio.
- Amor, gratuidad.
- Generosidad.

Un amigo me decía:

"Lo bueno y lo malo de este mundo pasará". A continuación añadía: "Dios no pasará y en correspondencia no debemos pasar de Él".

Este lema es válido para:

- Situaciones de derrota y de victoria.
- Situaciones de desesperanza y de placer.
- Situaciones de fracaso y de éxito.
- Situaciones de rechazo y de medallas.

Esto también pasará.

- El orgullo, el ego quedará aparcado.
- Ninguna cosa, ni ninguna emoción son permanentes.
- Todo es día y noche. Así sentirás paz en medio de cualquier situación.
- La tristeza y la alegría acéptalas como parte de la vida y de la naturaleza.

Dios ha venido a dar su amor desinteresado respetando nuestra libertad. San Agustín nos define la libertad con la frase siguiente: **"La verdadera libertad no consiste en hacer lo que nos da la gana, sino en hacer lo que tenemos que hacer porque nos da la gana"**.

A continuación recuerda las frases siguientes:

- La diplomacia sin amor y caridad se hace hipócrita.
- La inteligencia sin amor y caridad te hace perverso.
- La justicia sin amor y caridad te hace implacable.
- La docilidad sin amor y caridad te hace servil.
- La riqueza sin amor y caridad te hace avaro.
- La cruz sin amor y caridad te tortura.
- La enfermedad sin amor y caridad te desespera.
- La autoridad sin amor y caridad te hace tirano.
- La vida sin amor y caridad no tiene sentido.
- El trabajo sin amor y caridad te hace esclavo.
- La fe sin amor y caridad te hace fanático.
- La ley sin amor y caridad te esclaviza.
- La sencillez sin amor y caridad te envilece.
- La oración sin amor y caridad te hace introvertido.
- La pobreza sin amor y caridad te hace orgulloso.
- La verdad sin amor y caridad te hace hiriente.

En este recorrido de la vida donde se dan cita las frases anteriores, más tarde o más temprano, recibirás lo que has dado:

- Si has dado odio, violencia, venganza recibirás lo mismo.
- Si has dado amor, ternura ... recibirás lo mismo.

Anécdota:

Recuerdo de pequeño cuando mis padres me llevaron a un valle donde mis primeras palabras se repetían al instante. Ante el asombro que causaban en mi las frases repetidas, mis padres me dijeron: "La montaña repite tus palabras. A esto lo llamamos eco". Esta experiencia fue algo maravilloso. Descubrir que la naturaleza era capaz de repetir todo lo que gritaba, superaba mi capacidad imaginativa.

Pasados algunos años en muchas ocasiones recordando aquella vivencia añadieron: "La vida es un eco".

Efectivamente esta frase es una síntesis que nos sirve para entender muchas conductas. Nuestra vida es un reflejo de nuestras acciones. El amor genera amor, el odio genera odio, si ofreces alegría recibirás alegría. Es posible que en muchas ocasiones en el momento que das algo positivo recibas algo negativo, lo que está más claro es que si das odio generarás odio...

Tu vida no es una coincidencia sino un reflejo de ti. Para conocerte más revisa lo que los demás te dan. *¿No será eso mismo lo que das a los demás?*

- Me dan sonrisa ¡ no será que das sonrisa!
- Me dan insulto ¡ no será que das insulto!
- Me dan rechazo ¡ no será que das rechazo!

MI RELACIÓN PUEDE CAMBIAR:

- Si quiero que me traten bien, trata bien.
- Si quieres que me comprendan, intenta comprender a los demás.
- Si quieres que te respeten, respeta tu primero.

No vale decir: "Soy así por mi temperamento, por mi educación, por mis amigos, mi familia, por la sociedad"... Yo tengo la libertad y la capacidad para cambiar esa situación.

La vida es una elección.

Hoy al levantarte tienes, como todos los días, como mínimo dos opciones: Estar de buen humor o estar de mal humor. Como lo que deseo, es estar de buen humor la elijo. Siempre en la vida tienes más de una opción. Cómo mínimo siempre tienes dos opciones.

Se trata de elegir lo mejor, lo que queremos, lo que queremos que hicieran conmigo:

- Cuando viene a mí alguien para quejarse, puedo acompañarle en la queja o ver el lado positivo.
- Cuando me roban el bolso, puedo lamentarme permanente o aprender algo de él.

RECUERDA ESTAS FRASES:

- El pasado está para aprender.
- El presente para vivir.
- El futuro para soñar con esperanza.

Cada día tenemos la elección de vivir plenamente. La actitud es lo importante. Una pregunta importante que tengo que hacerme es:

- ¿Cuál es el sentido de mi vida?
- ¿Cuál el valor más importante de mi vida?

No cabe duda que si soy católico el valor máximo y la actitud que tengo que elegir es la actitud de Cristo, que es como preguntarme: *¿Qué haría Cristo ante esta situación?*

Amor por la vida y una vida de amor. Nuestra vida es un canto de amor, porque por amor Dios ha creado todo lo que existe. El amor está en todo lo que nos rodea. En este sentido, el amor se manifiesta en una piedra, en una flor, en una planta, en el hombre, en los planetas, en las estrellas en todo el universo. El amor es el sentimiento más humano. El amor es lo más profundo cuando compartimos alegrías y penas. Es entonces cuando el amor invade nuestra SOLEDAD para transformarla en amor puro.

SOMOS SOCIABLES POR NATURALEZA

lgunas preguntas que podemos hacernos son las siguientes: ¿Ofrecemos a nuestros hermanos, amigos, conocidos, desconocidos..., la comprensión, la aceptación en esa relación afectuosa y sencilla? ¿Olvidamos o intentamos olvidar el resentimiento o herida que se han ido sucediendo con el paso del tiempo?

La vida en sociedad nos ha de llevar a compartir los bienes que poseemos. Bienes que tienen su expresión con infinidad de formas:

- Un abrazo.
- Una sonrisa.
- Un gesto.
- Una visita.
- Etc.

Unas veces serán bienes procedentes de la inteligencia racional, otros bienes contantes y sonantes y siempre el bien del amor.

Lo que hemos recibido gratis, démoslo gratuitamente sin buscar compensaciones o reconocimientos.

Recordemos a Cristo. Él es nuestro modelo y a quien tenemos que imitar. Si queremos seguir imitando a más personas tenemos a los santos.

Dejar a un lado ese orgullo que llevamos dentro cuando afirmamos: "Esto lo he conseguido yo". "Si me hubiera fiado de los demás, donde estaría".

Pon empeño en edificar la fraternidad con alegría que es nuestra seña de identidad como persona. Sólo la persona tiene la capacidad de alegrarse y sonreír.

A través de este don tan maravilloso puedo iniciar el contacto con personas para pasar a la amistad universal y particular con cada persona en el actuar cotidiano. Entrega amigable, aunque nos cueste e incluso sea querida, ya que puede suponer que aquél al que amo se convierte en que te desprecia.

La gran novedad cristiana es la fraternidad, la comunión que va impresa en la naturaleza humana y necesita esfuerzo y ayuda divina. En ocasiones experimentaremos incapacidad para amar y seguir por este camino de la entrega. Es fruto de nuestra fragilidad y de nuestra debilidad. Es la apertura al otro, aunque sufres incomprensiones, rechazos, el norte de mi vida está orientado en adentrarme más y más en la fraternidad.

Esta penetración en el otro requiere que sea en primer lugar una persona de profunda vida interior. Este camino que tenemos que caminar es una realidad rica y compleja, encarnándola en la vida cotidiana concreta la relación íntima con Cristo y la comunión con nuestros hermanos.

Desde esta perspectiva no existe en nuestro pensamiento la dicotomía que tiene lugar a nuestro alrededor, entre:

- Fe razón.
- Pensamiento cristiano y pensamiento científico.
- Vida cristina y vida social.
- Familia cristiana y familia.
- Tiempo libre cristiano y tiempo libre.
- Educación cristiana y educación.

Nuestro actuar tiene que estar sellado por unidad de vida. Unidad en casa y en la calle, unidad en familia y en el trabajo, unidad en el hogar y en el tiempo libre.

Este ideal de vida que tiene su manifestación desde cosas pequeñas hasta las más grandes. Nuestra soberbia, vanidad siempre nos hace malas pasadas y nos tiene que recordar que lo esencial no se mira con los ojos, sino con el corazón.

Es importante que nuestro actuar se guíe por criterios y opiniones nacidas de la libertad y de la responsabilidad. Cuando encasillamos al otro:

- Nos cerramos a la escucha.
- Nos cerramos al amor.
- Nos cerramos a acoger al otro como don.
- Trasladamos al otro nuestros defectos y nuestras debilidades, pudiendo humillarle con facilidad.

El verdadero encuentro de verdad parte de la acogida del otro. El encasillamiento contribuye a la sumisión del otro a mi forma de actuar, generando un miedo que se convierte en una mecanismo para dirigirle, manipularle y quitarle la libertad.

NUESTRO DIÁLOGO HA DE ABRIRSE HACIA EL AMOR DONDE LOS:

- Deseos.
- Sentimientos.
- Afectividad.

Tienen que contribuir a unas sanas relaciones de afectividad. Este abrirse al amor siempre corre riesgos. Ya nos dice el refranero: **"Quien no arriesga no madura"**.

Es de vital importancia una apertura que favorezca, estimule y no obstaculice la amistad entre las personas. Considero enriquecedor que cada uno manifieste sus sentimientos expresándolos con libertad. En este mundo de los deseos nos podemos encontrar con deseos:

- Conscientes.
- Inconscientes.

Nuestros deseos ignorados llamados inconscientes pueden paralizar nuestros deseos conscientes, que es como decir que paraliza nuestra vida, dando lugar a un conflicto entre ellos porque deseo inconscientemente rechazar salir a la luz.

EJEMPLO:

Inconscientemente tengo miedo a los gatos. Cuando veo un gato se desencadena en mi una reacción incontrolada difícil de explicar para ser comprendida.

ALGUNAS SUGERENCIAS:

a) Nuestro esfuerzo se dirigirá a descubrir los deseos inconscientes más profundos para afrontarles y vivirlos con naturalidad.
b) Tenemos que aceptar al otro como es sin encasillarle.
c) Tenemos que intentar no encasillar, ni que nos encasillen en un cliché establecido previamente.
d) Los clichés esclavizan a las personas, son negativos e impiden que la persona madure.

e) La verdad siempre nos hace libres.

f) Hay que descubrir la verdad, sabiendo que hay verdades absolutas (DIOS), de la naturaleza y de la ciencia.

g) El rechazo de Dios o la incredulidad es una dificultad para conocernos mejor.

EJEMPLO:

Juan está atrapado por un cliché porque dice: "Tu sabes que creo en Dios, pero quiero que Dios se meta menos en mi vida".

Este cliché que está impulsado por el miedo o por exceso de seguridad le hace que se exprese así. Para que los clichés sean los mínimos, necesitamos de una formación intelectual, una formación de la inteligencia emocional (sentimientos, deseos, afectividad) y una formación trascendente (Dios-Cristo).

La persona debe integrar en su vida estas dimensiones de una forma plena y asumir que habrá momentos de oscuridad, ausencia y carencias.

CON NUESTRAS ACTITUDES PODEMOS:

a) Ayudar o impedir que los demás se expresen tal y como son.

b) Ayudar o impedir el crecimiento como persona.

c) Idealizar a los demás.

d) Intentar cambiar por la fuerza a los demás sin tener en cuenta su libertad.

e) Hacer ver que toda relación conlleva renuncia, alegría o sufrimiento.

f) A conocer la verdad y a ser más libres.

NUESTRA ACTITUD TIENE QUE SER SIEMPRE:

a) Búsqueda de la verdad y de la libertad.

b) Observar y descubrir a las personas en su totalidad.

c) Crear espacios que favorezcan la comunicación.

d) Puesta en marcha de diálogo discreto con caridad y madurez.

e) Reconocimiento del miedo y no tener miedo a experiencias cuya finalidad es la superación del miedo.

f) De diálogo, apertura.

g) Orar en sus diferentes manifestaciones (vocal, silencio, reflexión...).

h) De amistad con el Señor aunque se rompa la amistad con personas amigas.

i) Orar y caminar juntos hacia la meta de Cristo.

j) Respeto que es reconocimiento y aceptación del otro en su forma de dar y recibir. Cada cual tiene su ritmo, su exigencia personal, su modo de ser y actuar.

ACOMPAÑAMIENTO AL NECESITADO

En honor a la verdad no todo tiene que ser hablar. Tiene que haber tiempo para reír, hablar, escuchar; diálogo de grupo, recordar lo positivo, silencio... Hay un momento en que tienes que plantearte, que si quieres ser creíble tienes que pasar a la acción porque el movimiento se demuestra andando.

No cabe duda que el verdadero motor de este acompañamiento es el celo y el entusiasmo por ayudar. El acompañante voluntario con gran entusiasmo y alegría pasa a responder a las necesidades del enfermo. Enfermo físico, mental, persona abandonada, necesitada...

Esta pasión por acompañar ha de superar todas las dificultades para ir aprendiendo poco a poco y amar un poco más. En la puesta en marcha de este proyecto caben niños, jóvenes y adultos. Es justo mencionar el papel que el voluntariado social hace a las personas y a la sociedad. Su aportación es preciosa en sus diferentes campos: educativo, familiar, sanitario...

El sentido de familia es un elemento fundamental para llevar a buen término el acompañamiento. En un clima de armonía y entendimiento, viviendo de forma concreta, conociéndonos más, compartiendo cada uno lo que puede, buscando su presencia, abriendo los secretos de nuestra vida porque queremos que nos gane el corazón.

Precisamente porque mantener todo encuentro resulta difícil, queremos ser cada día un poco mejores. Este encuentro es un trampolín para salir de nosotros y para ponerse en contacto con quien tiene más necesidades.

La secuencia es:

- Amar – acompañar.
- Amar – servir.

Sólo amamos lo que conocemos y sólo nos entregamos a lo que amamos.

Este amar dinámico pone en movimiento todas nuestras potencialidades al que se aproxima, al que acompaña.

Formas de acompañamiento

a) Acompañamiento sencillamente de niños, jóvenes, hombres y mujeres.

b) Acompañar desde la conversación informal en el trato y cuidado del otro que se va haciendo amistad que llega a lo íntimo de la persona. Allí donde está la verdad de cada uno. Un "tu" que me ayuda a crecer a encontrarme con mi yo más auténtico y con Dios que trata de ayudarme.

c) Acompañar que se presenta de múltiples formas según circunstancias, a través de la escucha atenta y discreta. Todas estas formas presuponen la capacidad de llegar más allá de los rostros de las palabras y de las acciones de cada uno.

d) Acompañar no solo mirando dentro de las paredes de

una residencia, mirando hacia afuera, hacia la capacidad de acompañar a ser acompañado por el entorno.

e) Acompañar fomentando encuentros con las personas. que normalmente no entramos en relación y aprender con ellas.

f) Acompañar relacionando el saber académico con la realidad.

g) Acompañar creando lazos de humanidad para ayudar a este mundo herido.

h) Acompañamiento con Cristo a nuestro lado donde nos dice que vale la pena querer a las personas por lo que son y no por lo que tienen.

i) Acompañamiento donde todos aprendemos de todos.

j) Acompañamiento de persona a persona y de grupo donde la honestidad es nuestro mayor tesoro.

k) Acompañamiento de amistad. Amistad con el abandonado, el preso, el que sufre, en los diferentes campos de la vida: trabajo, familia, amigos...

l) Acompañamiento donde despojo parte de mi seguridad de mi yo, de mis costumbres, de mis aficiones...para unirme al más necesitado.

m) Acompañamiento que tiene dimensión de justicia donde lo mío es tuyo.

n) Acompañamiento que implica servicio real y de crecimiento.

o) Acompañamiento que implica conocer los deseos, sufrimientos y alegrías de la persona con las que convivo, aprendiendo en la convivencia.

p) Acompañamiento de contacto con una reflexión, profunda tanto en lo intelectual, emocional, como en lo espiritual para configurar la propia persona.

q) El acompañamiento es un proceso de integración, crecimiento y personalización de las tres dimensiones racional, emocional y espiritual.

r) Acompañamiento en el contacto con el sufrimiento humano: enfermedad, tiranía, abandono en hospitales...

s) Acompañamiento a personas donde se experimente la abundancia de medios materiales y carencia de medios espirituales, porque sobran injusticias y egoísmo.

t) Acompañamiento con la fuerza de la caridad a enfermos paliativos, ancianos, niños, jóvenes; servicio a la salud mental.

u) Acompañamiento durante el tiempo libre de juegos, visitas, paseos para fortalecer los lazos de amistad, descanso de la rutina diaria.

v) Acompañamiento para compartir experiencias, vivencias personales, potenciando los lazos de convivencia entre ellos.

w) Acompañamiento para organizar la vida, para que descubra las posibilidades no solo de ser atendido, sino de lo que puede aportar a los demás.

x) Acompañamiento para fortalecer las virtudes de la paciencia, serenidad, agradecimiento...

y) Acompañamiento para sensibilizar al enfermo la fuerza que tiene su oración.

z) Acompañamiento no dependiente donde el cuidador no esté sometido a una sobrecarga física y emocional que origine graves y progresivos desequilibrios tanto físicos como psicológicos. Son personas con un importante sentido del orden y de la responsabilidad. Quieren llevar con agrado todo adelante con esmero, dignidad y pudor sin llegar a quejarse hasta que la situación explota.

aa) Acompañar en la curación y para la muerte. Ayudar a elaborar las pérdidas y vivir el luto siempre con una actitud de vida y esperanza pero también de realismo. Muerte y resurrección que hacen posible una vida nueva que la muerte y resurrección de Cristo nos ha hecho descubrir.

ACOMPAÑARNOS PARA PODER ACOMPAÑAR

En ese buen deseo de acompañar a las personas que necesitan permanentemente nuestra ayuda, nuestro cariño, nuestras experiencias, nuestra formación, nuestras atenciones... nos olvidamos del cuidador en general: Profesionales de la medicina, voluntarios o familiares. Personas que por su dedicación llevan a cabo un gran esfuerzo y que en muchas veces se sienten sin ilusión y agotados.

No se trata de negar el acompañamiento, lo que se trata es de evitar que el profesional, el cuidador voluntario o el familiar caiga en la desilusión o en la incapacidad psicológica o física para poder ejercer bien su función.

Flaco favor haríamos si nos olvidáramos de las necesidades vitales y emocionales que toda persona necesita. Es más, son las personas cuya actividad se centra en la atención personal (médicos, enfermeras, auxiliares, educadores, sacerdotes...) los que tienen que estar en mejores condiciones para poder hacer con responsabilidad su tarea de curar el cuerpo y el alma. Tarea nada fácil en los tiempos que vivimos.

Desde esta visión global, una de las tareas más importantes que tenemos son:

> • Que nuestra legislación haga leyes más justas. Leyes que respeten las leyes de la naturaleza, de la dignidad humana, de la familia, educación.
> • Que nuestro poder judicial interprete correctamente estas leyes bajo el prisma del bien común.
> • Que los profesionales, al ejercer su trabajo, puedan hacer uso de la libertad de conciencia, cuando dichas leyes ataquen a la vida, la dignidad de la persona y la familia.
> • Cuidadores y personas cuya actividad esté relacionada con las personas (profesionales de la sanidad y de la educación) sean equilibrados, respetuosos consigo mismo y a quienes cuidan y forman.
> • Nunca el profesional de la educación y de la medicina son el fin del centro educativo y del centro hospitalario. Sólo el alumno y el enfermo serán el referente que nos ponen en movimiento y hace que nuestras mejores posibilidades salgan fuera. Disponibilidad total al alumno, al enfermo por el camino del amor y servicio.

El alumno o paciente en definitiva es la persona que llega a nuestras puertas. Viene buscando en unos casos educación, en otros la curación; unos serán católicos, otros ateos... Para nosotros serán personas que nos necesitan. En sentido cristiano, es Cristo el que llama a nuestra puerta. Recordar las bienaventuranzas. La hospitalidad recibida nos exige acoger siempre.

Nuestro lema será siempre:

> • El sano necesita poco o nada.
> • El enfermo, el niño... siempre nos necesita.

Tendremos que convertir las consultas, el aula, los pasillos... en hogar de acogida, calor en las relaciones, amor desinteresado, confianza... Tendremos que acercar el centro educativo, el hospital a ese ambiente familiar donde lo importante no sólo es lo técnico sino el calor personal que cada profesional llevamos dentro de nosotros, porque de lo contrario se reducirá, en el mejor de los casos, a unas excelentes instalaciones, frías y sin alma.

¿De qué sirven pasillos de mármol, paredes limpias, ventanas de lujo..., si lo humano falla? Contribuyamos a que lo humano, lo afectivo sea lo que sobresalga y si podemos también lo material. Entonces diremos que educamos y curamos con caridad y cariño.

ACOMPAÑAMIENTO
EDUCATIVO – ASISTENCIAL

E l acompañamiento educativo – asistencial tiene implicaciones bioéticas porque la capacidad de aprender y las posibilidades de ser educado debemos entenderlo como procesos comunes a todas las personas que se sitúan desde el inicio de la vida y abarca todo el ciclo vital de la persona.

¿Qué sería de nosotros si no nos hubieran asistido en nuestras limitaciones?
¿Qué serían de nosotros si no nos hubieran protegido y cuidado?
¿Qué sería de nosotros si no nos hubieran facilitado la satisfacción de nuestras necesidades básicas?

Seguramente no hubiéramos podido sobrevivir.

¿Quién en un momento de su vida no se siente vulnerable?
¿Quién en un momento de su vida necesita más que nadie la ayuda cercana de alguien que le asista?
¿Quién no ha necesitado ayuda en algún momento?

Somos tan frágiles, tan indefensos que una gripe, un tropiezo en la escalera, un dedo agarrado en la puerta, deseo de respuesta a un insulto, una caída en la acera..., nos hace pedir ayuda. No digamos cuando nuestra fragilidad llega a algo más profundo—enfermedad grave, accidente, etc. Esta fragilidad es la condición humana que nos hace pedir ayuda y ser asistido.

El ser humano es una entidad donde coexisten y se interrelacionan:

- Aspectos susceptibles de ser educados.
- Aspectos susceptibles de ser asistidos.

Desde este punto de vista parece como si fueran dos mundos separados. Partiendo desde la unidad que somos, nuestra respuesta tiene que ser integral, que abarque todas las facetas.

Debemos concebir la tarea educativa – asistencial como la interrelación armónica entre las actuaciones más puramente educativa y la genuinamente asistencial. Toda persona por sólo el hecho de serlo sea discapacitado físico o mental tiene la misma dignidad.

La importancia que la educación y la asistencia tienen para el ser humano está fundamentada en la obligación moral que tenemos para proteger la vida y su dignidad. Todas las personas de la educación – asistencial deben ser facilitadores de la mejora de las personas y de su integración social mediante:

- Equilibrio razón y sentimiento.
- Articular técnicas de encuentro.
- Interpersonal.
- Velar por su promoción y desarrollo.
- Ganar cuotas de autonomía.

LA PUESTA EN MARCHA DE ESTOS APARTADOS:

- Considerar a las familias como los primeros agentes educativos – asistenciales máximos. Hay que ayudar y acoger a la familia con sus propias opciones educativas y morales, su estilo

de vida, su biografía y articular medidas que puedan ponerlas en marcha.
• La formación de profesionales y acompañamiento es de crucial importancia, tanto en el apartado técnico como bioético.
• Trabajo en equipo.

Hay que seguir avanzando en el acompañamiento de las personas voluntarias en las labores de coordinar tareas marcando objetivos y proyectos de futuro para continuar creciendo en habilidades como aportación de mejora de las relaciones con los usuarios y familiares, ganando en calidad en el acompañamiento.

• Acompañamiento en la acogida (lugares, profesionales, servicios, organización...).
• Acompañamiento en las necesidades espirituales.
• Acompañamiento en la enfermedad.

Este acompañamiento puede abarcar diferentes etapas:

• Unas veces de curación.
• Otras de enfermedad crónica con cuidados paliativos.
• En otros casos en ejercicios para no perder capacidades de autonomía (discapacitados, niños, jóvenes, adultos...).
• En enfermos terminales hay dos tareas que tenemos que realizar: Respecto al enfermo para que acepten lo mejor posible los últimos días. En cuanto a las familias de enfermos terminales hay que cuidar a los familiares para que acepten con naturalidad esa situación.

Enfermos con secuelas físicas necesitan una tarea en dos dimensiones:

Respecto a la persona que va quedar limitada intentar que esa limitación la vaya aceptando, no le produzca trauma para que colabore en su recuperación.

En cuanto a la familia que intente ayudar al familiar limitado, quitándole preocupaciones de carga, responsabilidad, etc. para que el cambio de vida lo vaya aceptando paulatinamente.

En este acompañamiento también es conveniente que formen parte de él los jóvenes. Unas veces, porque son niños y jóvenes como ellos los que se encuentran en esa situación, otras, porque son sus familiares y siempre son interesantes porque así conocen mejor la realidad.

Conocimiento para fomentar valores que despierten la inquietud solidaria en muchos jóvenes en las edades tempranas en las diferentes áreas de:

- Oncología infantil.
- Minusvalías.
- Pediatría.
- Mayores.
- Publicación para el fomento entre jóvenes de la sensibilidad y solidaridad con los grupos marginados.
- Encuentros deportivos con deficientes psíquicos.
- Colaboración con centros donde haya personas accidentadas, con enfermedades como el Sida...
- Participación en programas de radio, TV; entrevistas en prensa.

Una posible forma de trabajar en este campo es creando asociaciones de jóvenes por la solidaridad y acompañamiento.

EN CUANTO A LA ORGANIZACIÓN:

a) Estos grupos a su vez, son coordinados por otros dos o tres coordinadores de área.

b) Cada mes se reúnen los coordinadores en la que se comentan la situación, repasando todo aquello que resulte de interés para potenciar proyectos, actividades, así como los objetivos por medio de un orden del día.

LAS ACTIVIDADES SE PUEDEN CENTRAR:

- En el campo del deporte, en un contexto de convivencia e integración.
- Colaboración con el centro de día.
- Organizar una fiesta anual.
- Visitas a los niños oncológicos hospitalizados en centros clínicos, organizando actividades recreativas y lúdicas, haciéndoles pasar el tiempo agradable con la compañía de jóvenes de su edad.
- Tratamiento y recuperación cuando residen en sus domicilios familiares.
- Organización para el niño oncológico y sus familias fiestas y celebraciones a las que pueden invitar a otros enfermos y compañeros suyos.
- Completar la atención que los niños reciben en los hospitales, haciendo que se encuentren rodeados de un ambiente humano y acompañados por niños y jóvenes de su edad.

En cuanto al área de mayores las actividades consistirán en la asistencia semanal a personas ancianas de estas residencias, en sus necesidades básicas de higiene, comida, vestido, etc. En ocasiones se organizarán actividades recreativas que se consideren oportunas.

También es conveniente la elaboración de algún medio de información impresa donde se trate las actividades que realicen para darlas a conocer a la sociedad. A su vez esta publicación recogerá artículos de opinión de los jóvenes sobre los temas solidarios.

Su finalidad es servir a los jóvenes para mantener y desarrollar una actitud crítica y constructiva ante lo que ofrece el mundo y la sociedad de hoy, sacando a la luz comportamientos poco solidarios o antisolidarios y animándoles a trabajar en favor de los más desfavorecidos y marginados.

Hay otro apartado que es para las personas sin hogar. Conviene recordar que cuando la persona pierde:

- El horizonte de su dignidad.
- El horizonte de su calidad de vida.

Su indiferencia hace que la alimentación, higiene y vida laboral pierda sentido, abandonándose en un proceso destructivo, pudiendo llegar a la mendicidad, donde todo está a merced de lo que pide, mendiga o consiga por caminos diferentes como el robo...

Es necesario estar convencido del valor de cada persona y despertar ese reconocimiento de valor en la propia persona. Nuestra tarea ante esa situación será hacer que descubra el bienestar y lo añore. De ahí que lo primero es:

- Dar y propiciar la experiencia de algo bueno, aceptando por nuestra parte que tal vez algún día decida valorar eso que se le ofrece.

Este acompañamiento puede derivar en que el paciente considere nuestro servicio, alimentación, cuidado... como si fuera un hotel. Entonces conviene actuar con claridad y manifestar otra sensibilidad ante la respuesta obtenida.

- Hay que lograr que las primeras exigencias serán las básicas: higiene, horario.
- Más tarde será la prohibición de sustancias (alcohol...).
- Por último las relacionadas con su situación familiar, su salud física o psíquica.

Un aspecto delicado es el tema de la historia familiar y personal. Programas concretos para cada persona concreta. En ese programa concreto los pasos a seguir son:

1º CONOCER SU SITUACIÓN AUTÉNTICA.
2º AYUDARLE A DESCUBRIRLO.
3º ENTENDERLE.

4º VALORARLE.

5º CAPACITARLE.

Para ello las entrevistas, la paciencia, la prudencia son algunas de las pautas para que facilite la confianza mutua. A partir de esta confianza, vendrán los compromisos de horarios, normas, economía para el comienzo de una nueva vida.

ACOMPAÑAMIENTO, APRENDIENDO Y ENSEÑANDO

El envejecimiento en Europa ha sido y es uno de los fenómenos sociales más importante de finales del siglo XX y comienzos del XXI. Una de las características de la dinámica demográfica actual es el incremento de la población anciana, que unida al descenso de las tasas de natalidad, provoca el envejecimiento.

Es lo que se llama la Europa de los "mayores" y que ha tenido sus repercusiones en los diferentes ámbitos de la vida social, familiar y laboral. Ha sido un elemento que se ha considerado en sus planes sociales. La dinámica de la relación con "tercera edad" ha ido creciendo hasta hablar de la "cuarta y quinta edad".

El envejecimiento, la vejez, la longevidad son fenómenos nuevos en la sociedad en que vivimos. Cada vez hay más personas que completan su ciclo de vida más largo. A esta población, se une un número cada vez mayor de personas jubiladas anticipadas en edades más tempranas.

En los países occidentales se hace necesario profundizar en planteamientos educativos que comiencen a dar respuesta a las demandas latentes de formación y de participación de estas personas.

La vejez puede considerarse:

a) Como una ruptura, una involución, un estancamiento vacío de contenido. Vivir resignadamente la vejez lleva al sentimiento de fracaso vital, de empobrecimiento.

b) Como culminación de la vida, como algo inacabado, cambia radicalmente. La vejez tiene que ser una etapa de autorrealización personal, social y de devolver a la sociedad todo lo que me ha dado. Hay que conseguir un comportamiento participativo, autónomo, relacionándose con los demás en los diferentes aspectos de la vida, es lo que llamamos vivirla positivamente.

La persona participativa, solidaria en proceso de autorrealización es un ideal antropológico que hay que buscar en esta etapa de la vida. Es necesario considerar la vejez como una persona en su dimensión global.

Es el concepto de educación permanente donde pone el acento en el rol personal, cultural, social y de comunicación. Educación definida como un medio para facilitar el ensanchamiento de espacios de vida, en términos de creatividad, autonomía y participación social.

Desde esta perspectiva el punto de la salud, de la asistencia y de la seguridad social se amplían hacia metas donde tienen implicaciones profundas para la sociedad en su conjunto. Esto constituye por parte de la sociedad, una redefinición de las relaciones entre los grupos de diferentes generaciones con el fin de asegurar entre ellos vías de aprendizaje con orientación múltiple y carácter abierto y voluntario.

Esta nueva visión y esta prolongación de la vida en las últimas décadas, ha hecho que las respuestas fueran en diferentes direcciones:

- Derechos cívicos.
- Promoción.

- Desarrollo.
- Rehabilitación.

Las personas necesitadas deberán tener acceso a los medios necesarios para su salud, educación, oportunidades de trabajo solidario.

LAS PERSONAS DE EDAD DEBERÁN:

- Poder disfrutar de cuidados y protección por parte de la familia y la comunidad.
- Tener acceso a servicios de salud y prevención de enfermedades
- Tener servicios sociales y jurídicos.
- Disfrutar de todos sus derechos y libertades en residencias y hogares.
- Poder vivir con dignidad y seguridad.
- Verse libre de los malos tratos físicos o sociales.
- Ser valoradas independientemente de la contribución económica.

PARA LA PUESTA EN PRÁCTICA HAY QUE:

- Garantizar la prevención y asistencia mediante una adecuada atención primaria y hospitalaria.
- Lograr el acercamiento de los servicios socio sanitarios.
- Fomentar la participación y protagonismo de la sociedad.
- Sensibilizar a la sociedad respecto de la situación de las personas en edad avanzada.
- Reforzar su grado de autonomía.
- Influir en la potenciación de valores sociales para que crezcan los valores solidarios.
- Garantizar el estudio, la investigación y la formación permanentes sobre temas relacionadas.

El desarrollo de este tipo de iniciativas ayudarán a las personas mayores a que puedan ser animadores, formar parte del voluntariado, fomentar iniciativas en programas de ayuda mutua, adquiriendo un nuevo papel en la sociedad como agentes activos y cooperadores en la creación de comunidades vivas y solidarias.

Nuestro trabajo, nuestro acercamiento tiene que dejar a un lado algunos prejuicios y estereotipos para pasar a ser considerados como personas que tienen acumulada la sabiduría de la experiencia y de la madurez.

> • Ellos son los auténticos protagonistas y los demás somos acompañantes, convecinos, aprendices de alguien que ha dado todo lo que tiene con amor y dedicación.
> • Ellos y nosotros somos los auténticos animadores de la vida. Vida nueva, vida adulta, vida activa, vida creativa, vida gozosa donde tienen lugar espacios de encuentro para seguir creciendo juntos en este mundo que vivimos.

USTED PUEDE CURAR CON SUS CUIDADOS

uánto puedo hacer sin medicación? Vivimos en una sociedad que tiene prisa de vivir, donde lo inmediato adquiere valor por sí solo. Prisa por salir, prisa por llegar, prisa por estar, prisa por hacer, prisa por hablar...donde la prisa roba lo más precioso de la persona que es la escucha y la reflexión. Nos falta tiempo de escucha.

Con estas prisas no hay tiempo para saber cuál es lo fundamental y cuál es la auténtica dirección que tenemos que tomar en la vida. La prisa invade los ambientes materiales, culturales y espirituales donde vivimos y nos devora como consumista y hedonista.

Buscar los valores que no se pasan, luchar por vivirlos es la mejor opción de nuestra vida. Cuando hemos puesto en marcha los auténticos valores somos capaces de combatir la tristeza, la desgana, la pereza, la tibieza, el mal humor... para llegar a ser más felices.

En este recorrido de la felicidad nos vamos a encontrar con tres niveles:

1º PLACER

2º ALEGRÍA

3º FELICIDAD

- Por placer entendemos el estado transitorio que afecta más al cuerpo que a la mente.
- La alegría es superior y relaciona lo físico con psíquico
- La felicidad es nuestro objetivo y es el resultado de una vida auténtica. Es suma de los anteriores.

La Alegria

- Ser alegres de niños y en la juventud es un IMPERATIVO BIOLÓGICO.
- Ser alegres de adultos, es más difícil. La responsabilidad y las experiencias negativas pueden ser una dificultad. La alegría adulta exige ESFUERZO.
- Ser alegres de mayores, puede constar más esfuerzo. Entonces la alegría en la persona mayor es una VIRTUD.

La alegría que nace del éxito, del aplauso es una alegría corta muy centrada en el yo.

La alegría auténtica nace del amor, del dolor, y nace del amor al otro.

Para estar alegre tengo infinidad de motivos: Ser hijo de Dios saber que me ama y perdona; tener una familia, puedo andar, oír ver, pasear, comer, dormir, descansar, jugar, tener amigos, leer, etc.

La Felicidad

La felicidad no es un estado perfecto y permanente, es el resultado de lo que ocurre en nuestra vida ordinaria mediante altibajos errores, frustraciones..., con visión positiva.

Se trata de aprender de los contratiempos y dificultades, siendo estos aprendizajes los que van contribuyendo a ser más felices. Es cuando el desánimo y el temor se deja a un lado para crecer en esperanza en medio de las dificultades.

La Felicidad Pasa Por El Agradecimiento

- Hay que medirla por la capacidad de agradecimiento.
- La falta de agradecimiento es la muerte de amor.
- El agradecimiento en el fondo es un acto de justicia.
- Ser agradecido aumenta la paz interior.
- La gratitud es la expresión gozosa y espontánea del reconocimiento.
- Hay que aprender a ser agradecido.
- El valor del agradecimiento hay que demostrarlo con alegría, ilusión, jamás tenemos que hacerlo con mala cara.
- A más felicidad más madurez.
- Es más feliz el que da, que el que recibe.
- Para que cale el agradecimiento hay que hacerlo con alegría e ilusión.
- El refranero dice: "es de bien nacido ser agradecido". Si disfrutamos en las alegrías, ¿por qué no disfrutar en la enfermedad? Para ello lo que tienes que hacer es ser capaz de sacar el lado positivo que todo contratiempo tiene. Ejemplo: En vez de recordar los favores que has hecho, recuerda los favores que te han hecho.
- Agradecimiento a la vida, a la libertad, a la voluntad; la luz, el oxígeno, el aire...

La Felicidad Como Proyecto

- Es siempre mejorable.
- Es dinámico tiene argumento.
- Es un proceso con orden.
- Son valores que tienen que formar parte de nuestra conducta.
- Es esfuerzo, constancia, voluntad, motivación, orden, prioridad...
- Es un gran valor en sí mismo.
- No existe la felicidad absoluta. Esa sólo existe en el cielo.
- Es una felicidad razonable donde la persona da lo mejor que tiene.
- Es el mejor antídoto contra la tristeza.

Cuando la felicidad se va agotando va creciendo la tristeza, con sentimientos negativos de miedo, agotamiento, angustia... La vida va dejando de tener sentido y no representa un valor.

La vida como continuo puente entre el pasado y el futuro es una oportunidad para ser felices. Cualquier persona que esté dispuesta a ayudar puede hacer mucho con sus manos, con su palabra, con su tono de voz, con su ritmo, con su oído... Es la suma del lenguaje verbal y el lenguaje no verbal.

El contacto con personas a lo largo de la vida nos dice: que estamos en deuda con nuestros padres, nuestros hermanos, nuestros abuelos, nuestros amigos, con nuestros educadores en sentido amplio profesores, porteros, jardineros, albañiles, médicos, oficinistas, etc.

Ellos a través de las diferentes actividades han hecho posible que haya llegado a nuestros días con las facultades que tengo y el saber que he acumulado de la experiencia directa e indirecta.

Ahora tengo la obligación moral de transmitir a los demás en los diferentes lugares que me encuentre, mi saber, mis manos, mis caricias, mi mirada, mi escucha, mi ternura, mi tiempo... Son esas personas necesitadas las que me están reclamando en el fondo del corazón un tiempo para ellas.

Antes de actuar he de preguntarme: *¿Cómo tengo que actuar? ¿A quién voy atender?*

CÓMO TENGO QUE ACTUAR

- Siempre con amor: caridad, respeto, dignidad...
- Las descalificaciones globales son injustas. EJEMPLO: todos las personas son egoístas. El ser amable, respetuoso no es pactar con el error, la mentira, el crimen....siempre hay algo bueno.

- Se puede rechazar la conducta, nunca a la persona.

La capacidad de amar viene dada por lo que tenga en mi corazón
En mi corazón puedo tener:

- Cosas, viajes, piso, ropa, comodidades, etc.
- Me centro en el YO, me aíslo, uso el yo, mi, me conmigo...
- Dios, persona, verdad, vida honrada, justicia, etc.
- Me centro en el OTRO, saliendo del yo para aprender a compartir.

PARA CRECER EN EL AMOR ES NECESARIO:

- Poner orden en las cosas.
- Poner orden en los afectos.
- Primero Dios.
- Segundo la próximo, la familia.
- En último lugar lo lejano.
- Las cosas serán buenas o malas según el orden, cantidad y calidad.
- Si amas demasiado a las cosas difícilmente ames a las personas. Entonces tienes el corazón atado, atrapado. Soy esclavo de la materia, mis deseos, pensamientos, imaginación, instintos...

Lema: "Ama siempre sobre todas las cosas y llegarás a ser hombre libre y justo".

¿CÓMO TENER UN CORAZÓN QUE AME MÁS?

- Luchando más y más.
- Con privaciones.
- Queriendo más a Dios.
- Ante la posesión constante del ambiente, respondo como lo haría Cristo.
- Renunciando a la comodidad.
- Amar ordenado: 1° a Dios, 2° a la persona y 3° a las cosas necesarias.

> • El verdadero amor nace del sacrificio, del dolor, de la privación.
> • Amar es bondad en los ojos, en la mirada, en los gestos, en la sonrisa, en la despedida, en el cansancio, en la enfermedad, en la salud...

UN AMIGO ME DECÍA LO SIGUIENTE:

> • Pido fuerzas para ayudar y me da DEBILIDAD para sentir necesidad de Dios y de las personas.
> • Pido éxitos humanos para lograr más y me da DEBILIDAD para que aprenda a OBEDECER.
> • Pido riquezas para hacer grandes obras y me hizo POBRE para que aprenda que Dios siempre cuida de nosotros.

Anécdota:

"ME SENTÍA TRISTE PORQUE NO TENÍA LOS ZAPATOS QUE QUERÍA, HASTA QUE EN LA CALLE ENCONTRÉ A UN HOMBRE QUE NO TENÍA PIES".

A QUIÉN VOY ATENDER

Es posible que diga: "Yo no soy médico, no soy enfermero; de medicina no sé nada, este campo de curar solo pueden hacerlo los profesionales de la sanidad".

La respuesta que tengo que hacerme es que toda persona puede curar. Curar es ayudar a la persona a superar sus dificultades. Unas veces será curación afectiva, psicológica, otras, curación de tipo físico, espiritual y en la mayor parte curación. Que es como decir que la curación es global. Lo físico influye en psíquico y lo psíquico en lo físico y lo espiritual en lo físico y lo psíquico.

Por lo tanto, usted puede curar mucho con sus cuidados.

- Cuidar a estos enfermos a los que la ciencia no ha podido resolver su problema y siguen viviendo.
- Cuidar a los enfermos a los que la ciencia está intentando resolver su problema.
- Cuidad a los que han cumplido el ciclo de su vida y están próximos a salir de esta vida.
- Cuidar a los que la sociedad o la familia les ha ido aparcando.
- Cuidar a los que su fragilidad les ha llevado por caminos equivocados.
- Cuidar a quienes se sienten incapaces por sí solos de salir de la situación en la que se encuentra.

Ahora les presento una posible forma de curar mediante sus cuidados, a los enfermos que han cumplido el ciclo vital de esta vida y están próximos a salir de ella, porque su edad hace que su corazón, sus pulmones, su hígado... se van agotando poco a poco.

Alguien se puede preguntar: *¿Para qué gastar muchas energías para el poco tiempo que le queda?*

- En primer lugar hay que responderle que nadie sabe cuando va morir, excepto Dios. El profesional de la medicina podrá decir de acuerdo con su experiencia que le queda más o menos tiempo.
- En segundo lugar porque el respeto a la dignidad humana tiene que ser total: Amar la vida y la verdad.
- En tercer lugar porque si para la llegada a este mundo hemos preparado con todo cariño la habitación, la cuna, el ambiente... para que la madre e hijo estuvieran en las mejores condiciones de cariño, afecto, entrega...¿por qué no vamos hacer lo mismo en la despedida de este mundo?

Preparar todo para dar a luz a un niño en mejores afectivas y médicas nos parece normal, quizá no estemos preparados de cómo vamos a cuidar la salida al otro mundo de las personas queridas.

Por eso entendemos que podemos ayudar a los enfermos de la

misma manera que podemos atender a los vivos para que salgan con la misma naturalidad con la entraron.

Llegados a este punto la pregunta puede ser la siguiente:

¿CÓMO PUEDO CUIDAR AL FINAL DE LA VIDA SIN SER PROFESIONAL SANITARIO?

- Para cuidar con cariño al final de la vida, no hace falta ser profesional de la medicina.
- Cualquier persona sin tener título sanitario puede cuidar con mucho cariño y sinceridad. El sanitario ofrece soluciones médicas. Pero este final de la vida es un momento complicado para el enfermo y la familia.
- Recordando la frase de Cristo: "Trata a los demás como quieras que traten a ti". Si lo hacemos así esté seguro que no se equivoca, lo hará bien y responderá bien a las leyes de la bioética con respeto, sinceridad y entrega.
- Cada persona es el remedio para el otro. EJEMPLO: Eran dos personas: un ciego y un tuerto que se ayudaban entre ellos. Unas veces para ir por la calle y otras para ir moto.

El ejemplo nos puede hacer reflexionar una vez más que cada persona siempre puede ayudar a otro. No hace falta ser doctor psicólogo, psiquiatra... Lo que hace falta es SER PERSONA para poder ayudar al otro.

Todos podemos ser ayuda al otro.

¿QUÉ COSAS SON NECESARIAS PARA CUIDAR BIEN AL FINAL DE LA VIDA?

a) Buena comunicación para comprender mejor sus deseos y problemas.
b) Buen control de los síntomas que le molestan, quitar sus dolores, que duerma bien...

c) Hay que ofrecer diversos apoyos al enfermo y a su familia. Sufre la persona que se está muriendo y su familia.

PARA TENER UNA MUERTE EN PAZ NECESITA:

- Conocer la verdad, aunque sea dura.
- Prepararse para la otra vida. Dios no viene a pedirte cuentas, Dios viene a cancelar tus deudas.
- Mantenerse consciente.
- Que participe en las decisiones sobre cuidados. Ayudándole a tomar sus decisiones.

Cuando vamos a acompañarle tenemos que preguntarnos *¿Cómo se siente el enfermo?*

CUANDO EL ENFERMO ESTÁ AL FINAL DE SU VIDA:

- Está más vulnerable, le afecta todo con más facilidad.
- Está más retraído física y emocionalmente.
- Está esperando su curación.
- Siente dolor y ve cerca su muerte.

¿CÓMO TENEMOS QUE ACTUAR?

Muchas veces decimos que me cuesta mucho ir a visitar a personas que están en esa situación. Frases como: "No sé que decirle", "me faltan palabras", "pensar las horas que hemos pasado juntos y ahora soy incapaz de estar con él"...

- Acompañarle es estar a su lado, escucharle, visitarle, intentar comprenderle, respetarle...
- Acompañarle es que sepa que estamos a su lado para apoyarle en todo lo que necesite.
- Acompáñale es respetar los momentos que quiera estar sólo.
- Acompañarle es no forzarle a hablar.
- Acompañarle es el mejor medicamento que podemos ofrecer.

al enfermo.
• Acompañarle es cogerle la mano.

Coger la mano tiene un sentido más amplio. Hay que saber que el tacto comienza el primero y desaparece el último. Tenemos la vivencia y la experiencia del momento de nacer cuando el niño con sus labios rápidamente busca el pecho de su madre.

Todo el mundo sabe que cuando me tocan se establece un vínculo de cercanía de confianza, de apoyo, solidaridad, calor, estoy contigo...Esta forma de comunicación no verbal trasciende a lo más íntimo de nosotros mismos.

Con ese tocar lo que le estoy trasmitiendo al enfermo son sentimientos de "no te preocupes", " estoy contigo", "puedes contar conmigo para lo que quieras", "te apoyo", "te comprendo", "ten fuerza", "ten fe".

En la medida que mis facultades disminuyen el lenguaje de los afectos a través de expresiones: abrazos, besos, tratarle con amabilidad, sujetar su mano, tocar su cuerpo, gestos ...se hace más necesario. ¡Si nuestros ojos se llenan de lágrimas cuando una persona querida se va de casa, se va de vacaciones!... ¡Imagínense cuando el viaje es para toda la vida!

Al enfermo le hacemos un gran bien con esta comunicación no verbal. Este contacto físico es una buena respuesta para combatir el temor y ansiedad.

La forma de mirar, de poner las manos es muy importante cuando las palabras no existen. Pacientes sordos, con demencia... son los más necesitados, porque su facultad lingüística ha quedado aparcada. Cuando la comunicación verbal ha desaparecido no vale decir:

- Cómo no me entiende.
- Cómo no me oye.
- Cómo no me atiende.
- Cómo no me ve.
- Cómo no me responde.
- Etc.

Ahora ¿Qué hacer? Lo tenemos muy fácil:

- Le miraremos con amabilidad.
- Le sonreiremos.
- Le tocaremos con delicadeza.
- El tono de voz será suave.
- Los gestos de las manos con ternura.
- Los gestos de la cabeza con ...

Su respuesta será:

- La mirada cómplice.
- El llanto.
- La sonrisa picarona.
- La mano entre las manos.
- Tendremos que recordar y aprender el lenguaje no verbal. El lenguaje que conocemos del bebé durante los primeros meses de vida, nadie nos lo enseñó y fuimos capaces de aprender a comunicarnos.

Según como lo hagamos será percibido con calor, cariño, miedo, rechazo... No podemos olvidar que cabalgan en su interior un abanico de sentimientos negativos que le agobian, como la pena, la desilusión, el abatimiento, la falta de ganas y energía.

Con una buena comunicación lograré:

- Controlar mejor la ansiedad.
- Controlaré mejor la depresión.
- Controlaré mejor el dolor.

Hay que escucharle:

- Aceptándole tal y como es.
- Es único e irrepetible.
- Aceptarle como un valor en sí mismo.
- No echar "leña al fuego".
- Nunca hemos de juzgarle.

Cuando estemos junto al enfermo recordaremos ese dicho popular **"Dios te ha hecho con dos orejas y una boca para que escuches el doble y hables la mitad".**

¿Cómo responder a sus preguntas?

1. No olvidemos que cada ser humano guarda en su seno un sentido propio cuyas características se van a manifestar tanto en su sufrimiento como en su personalidad.

2. Con la VERDAD

- La verdad nunca es propiedad de una persona.
- La verdad es un bien que trasciende.
- Nunca se impone, la verdad se propone.
- Decir siempre la verdad con caridad, respeto, delicadeza, amabilidad y simpatía.

Anécdota:

El beato Hº Gárate cuando ejercía de portero en la Universidad de Deusto una de sus actividades era entregar las notas a los alumnos. Conocedor de lo que significaba entregar los suspensos, lo que hacía era meter en el sobre de los suspensos unos caramelos para que la verdad fuera recibida con caridad.

ANTES DE COMUNICAR ALGO HAY QUE PASARLO POR LOS TRES FILTROS:

- Estar seguro de lo que se diga sea verdad.
- Que se hable bien de esa persona.
- Que tenga valor para ella.

Si no se cumplen estos filtros y por el contrario se habla mal, o no estás seguro o no es de provecho, lo mejor es que no lo digas, no lo difundas.

¿QUÉ QUIERE EL ENFERMO?

- El quiere que le digamos la verdad. Verdad asumible y no le afecte negativamente.
- Quiere que le confirmen sus dudas.
- Quiere saber si va a morir pronto.
- Hay que respetar el momento en el que lo pide.
- Habrá que hacerlo a través de la persona que él quiera.
- De forma sencilla y gradual.

¿QUÉ RESPONDER?

- No nuestra respuesta.
- La verdad que él pueda comprender, asumir y aceptar.
- Cuidado que no perciba el engaño. Si lo percibe se va a aislar, va a perder la confianza.

¿POR QUÉ TENEMOS QUE RESPONDERLE?

- Porque tiene derecho a saber qué le ocurre.
- Porque tiene derecho a toma decisiones.
- Porque podrá enfrenarse mejor a su futuro.

A la preguntas cuándo va a morir nunca le pondremos la fecha porque no lo sabemos y además sería contraproducente. El sabe como se encuentra y el médico con su experiencia y sus conocimientos podrá decir como va su recorrido de vida.

¿Qué necesita sentir el enfermo?

- Necesita sentir seguridad.
- Necesita sentirse feliz.
- Necesita estar preparado para la otra vida.
- Necesita que siga siendo importante.
- Necesita ser querido.
- Necesita enfrentarse a esa situación y aceptarla.

Anécdota:

Me decía un familiar enfermo:

- Quiero morir cuanto antes, para dejaros tranquilos. Estoy estorbando y deseo quitaros preocupaciones.

Sus hijos respondieron:

- ¿Cuántas horas has dejado de dormir para sacar por la noche a tus hijos al water? ¿Cuántos días dejaste de echar la siesta para sacar a tus hijos al parque? Cuando nacimos nos pusiste el nombre y nos presentaste al Señor para bautizarnos. ¿Te parece bien que ahora te presentemos al Señor a través de un sacerdote?

- Ciertamente lo he hecho y además lo hacía con gusto, con cariño. Podéis avisar al sacerdote para que me de fuerzas espirituales.

Entonces sus hijos añadieron:

- Con ese mismo cariño, lo hacemos ahora al estar contigo. Queremos que sepas que te queremos y que cumplimos tu palabra.

Estos son motivos importantes para querer vivir. A partir de este momento hemos conseguido que aunque el enfermo muera lo hará en paz, sabiéndose querido y respetado. Su familia podrá estar tranquila porque ha puesto todo el amor al servicio de la persona amada.

OTROS TÍTULOS DEL AUTOR - LA VIDA CON LO COTIDIANO

LO COTIDIANO: ¿MISTERIO O REALIDAD?

- SÍMBOLOS Y SIGNOS COTIDIANOS
- PROPUESTAS COTIDIANAS FAMILIARES
- EL TEATRO ES ARTE EN LA VIDA COTIDIANA
- APRENDER A VIVIR Y MORIR EN LA VIDA COTIDIANA
- DIÁLOGOS COTIDIANOS
- CUESTIONES COTIDIANAS
- PAUTAS DE ORIENTACIÓN PERSONAL
- PROPUESTAS BIOÉTICAS A CUESTIONES COTIDIANAS
- GRACIAS A LA VIDA COTIDIANA
- UNIDAD DE VIDA A TRAVÉS DE LO COTIDIANO
- APRENDIENDO DE LA VIDA COTIDIANA
- PAUTAS PARA PRESENTAR EL PATRIMONIO CULTURAL—RELIGIOSO
- LA PALABRA HECHA VIDA EN LO COTIDIANO
- EN LA FRAGILIDAD DE LA VIDA COTIDIANA ESTÁ LA BELLEZA
- A TRAVÉS DE LA IMAGEN - VALORES Y VIDA
- LA FAMILIA DEL SIGLO XXI
- ¿QUÉ EDUCACIÓN QUEREMOS?
- LOS VALORES EN EL PLANO INCLINADO
- VALORES COTIDIANOS
- LA BÚSQUEDA DE LA VERDAD
- HOY, CÓMO HACER FAMILIA
- CONOCER Y CONOCERME MÁS
- ENCONTRAR SENTIDO A LA VIDA
- PAUTAS A CONSIDERAR EN LA CONDUCTA HUMANA
- HACIA LA CIUDAD NUEVA LA CIVITAS DEI
- LA SOLEDAD COMO OPORTUNIDAD

LA NATURALEZA HUMANA Y LAS CIENCIAS DE LA NATURALEZA

- SOMOS CONTEMPLATIVOS
- LAS RUTAS POR LA NATURALEZA: AGRÍCOLA, CAMPANAS, FLORA...
- LA BICICLETA: MITAD AVENTURA, MITAD PARTICIPACIÓN
- CEREZA SABOR Y COLOR DEL VERANO VIVIR BIEN LA VIDA
- LA VIDA CON LAS PERSONAS
- LA VIDA CON LA NATURALEZA
- LA VIDA CON LAS COSAS

- UNA FUENTE DE COMUNICACIÓN: LA ACTIVIDAD BIEN HECHA
- EL OCIO COMO. LÚDICO, CREATIVO, COMPROMISO, PARTICIPATIVO...
- EMPRESA: FAMILIAR, SERVICIOS, EDUCATIVA...
- CONVIVENCIA Y NEGOCIACIÓN: FAMILIA, TRABAJO, AMIGOS...
- ESCUELA: LIBERTAD, PARTICIPACIÓN, FAMILIA, ALUMNADO...
- FAMILIA: COMUNICACIÓN, APERTURA, EDUCACIÓN, EMPRESA...MEDIOS COMUNICACIÓN: PRENSA, RADIO...ADMINISTRACIÓN PÚBLICA: ÉTICA, POLÍTICOS, FUNCIONARIOS,CIUDADANOS...

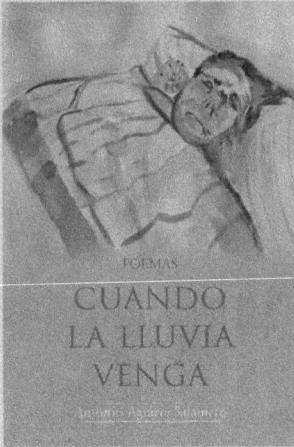

Antonio Aguirre Salamero es un poeta con gravitas. Su poesía recoge su amor por la naturaleza, belleza creada por una Belleza increada, visible en ella. Simbolista y naturalista, cree que los árboles que hayamos plantado nos sobrevivirán en el tiempo, una vez hayamos partido. Su poesía es poderosa y conmovedora, y convierte cada línea en una afirmación filosófica, una estrofa en un aforismo. Su amor por la familia y por la amistad es palpable a lo largo de este libro, y se renueva, libre como un torrente que se desborda con fuerza cuando llega la lluvia

El Padre Gilbert Luis R. Centina III, OSA poeta conocido y multipremiado tanto en EE.UU como en Filipinas, habla hiligaynón, tagalo, inglés y español, es autor de seis colecciones de poesía, dos novelas y un libro de crítica, y buen conocedor de las labores de los hispanistas de Filipinas dedicados a difundir, defender y enaltecer el idioma español. Es de esta noble pelea de los hispanistas en Filipinas de donde obtiene su inspiración para escribir *Dyptich/Díptico*. Durante más de tres siglos—conviene recordarlo—las Islas Filipinas formaron una muy querida parte del Imperio Español.

www.ingramcontent.com/pod-product-compliance
Lightning Source LLC
LaVergne TN
LVHW041231080426
835508LV00011B/1152